CON GRIN SU CONOCIMIENTOS VALEN MAS

AF131316

- Publicamos su trabajo académico, tesis y tesina

- Su propio eBook y libro - en todos los comercios importantes del mundo

- Cada venta le sale rentable

Ahora suba en www.GRIN.com y publique gratis

Nilda Urbina

Formación Talento Humano según la Teoría de Barney

GRIN Publishing

Bibliographic information published by the German National Library:

The German National Library lists this publication in the National Bibliography; detailed bibliographic data are available on the Internet at http://dnb.dnb.de .

Imprint:

Copyright © 2015 GRIN Verlag GmbH
Print and binding: Books on Demand GmbH, Norderstedt Germany
ISBN: 978-3-656-93223-9

This book at GRIN:

http://www.grin.com/es/e-book/295209/formacion-talento-humano-segun-la-teoria-de-barney

GRIN - Your knowledge has value

Since its foundation in 1998, GRIN has specialized in publishing academic texts by students, college teachers and other academics as e-book and printed book. The website www.grin.com is an ideal platform for presenting term papers, final papers, scientific essays, dissertations and specialist books.

Visit us on the internet:

http://www.grin.com/

http://www.facebook.com/grincom

http://www.twitter.com/grin_com

LA FORMACIÓN DEL TALENTO HUMANO Y LA ORGANIZACIÓN INTELIGENTE EN EL CONTEXTO DE LA TEORÍA DE BARNEY.

Nilda Urbina

Universidad Nacional Experimental Politécnica de las Fuerzas Armadas

RESUMEN

El propósito del estudio fue desarrollar un modelo operativo para la formación del talento humano y la organización inteligente en el contexto de la Teoría de Barney. El análisis se realiza siguiendo la modalidad de una investigación descriptiva en el paradigma de la complementariedad bajo un nivel no experimental. Se utilizaron las técnicas de la observación directa y la encuesta. Entre los resultados, fue factible conocer que los aspectos de dicha problemática se han manifestado principalmente por las siguientes causas: (a) se cuenta con mecanismos rígidos de control; (b) los métodos y conocimientos vigentes se han ido adquiriendo a través de los años, especialmente por las experiencias personales de los trabajadores; y (c) se han venido reproduciendo los conocimientos adquiridos, dejando de ser flexibles ante la presencia de novedades y cambios, entre otros aspectos. Se concluyó con la sugerencia según la cual las organizaciones tradicionales se transformen progresivamente en organizaciones inteligentes, incorporando desde el perfil de la investigadora el desarrollo de un modelo operativo basado en los postulados teóricos de Barney (1991) y de Barney & Arikan (2001), reforzados con el enfoque de direccionamiento estratégico sugerido por Grant (2006), al perfeccionar posteriormente la Teoría de Barney.

Palabras Clave: Formación del Talento Humano, Organización Inteligente, Teoría de Barney.

ABSTRACT

The purpose of the study was to develop an operating model for the formation of human talent and the smart organization in the context of the theory of Barney. The analysis is carried out following the form of a descriptive research on the paradigm of complementarity under a non-experimental level. Direct observation and survey techniques were used. Among the results, it was feasible to know that aspects of this issue have been expressed mainly for the following reasons: (a) there is rigid control mechanisms; (b) methods and existing knowledge will have gained over the years, especially by the personal experiences of workers; and (c) have been playing their acquired knowledge, being flexible in the presence of new features and changes, among other aspects. It was completed with the suggestion that traditional organizations progressively become intelligent organizations, incorporating the development of an operating model based on the theoretical postulates of Barney (1991) and Barney & Arikan (2001), reinforced with a focus on strategic direction suggested by Grant (2006), to later refine the theory of Barney from the researcher's profile.

Key words: Formation of Human Talent, Smart Organization, Barney Theory.

1. INTRODUCCIÓN

En un entorno cada vez más competitivo, se hace totalmente ineludible que las organizaciones modernas manejen de forma integral una serie de conocimientos gerenciales de vanguardia sobre las áreas funcionales, estratégicas y de dinámica organizacional; teniendo así una visión de las mejores prácticas de la gerencia que distinguen a las que son líderes dentro de sus sectores, a la vez de poder contar con la oportunidad de potenciar las múltiples capacidades que diferencian a las organizaciones inteligentes de las tradicionales, reconociendo en ellas el aporte sustancial que ha tenido el auge de la denominada sociedad del conocimiento.

Ahora bien, partiendo de la importancia otorgada a la gerencia en cualquier tipo de organización, se identifica como Drucker (2002) establece de manera concisa un enfoque de la misma, al señalar que viene a constituir "… el órgano específico y distintivo de toda organización" (p.2). Por tanto, aunque el mismo es considerado un concepto formal, sirve como punto de partida para que se puedan establecer de manera oportuna los cambios necesarios y suficientes; a fin que el funcionamiento de una organización esté adecuado a las exigencias de las nuevas realidades imperantes en el entorno, todo ello en concordancia con el conocimiento que la misma posea.

2. MARCO TEÓRICO

Andrev y Sieber (1999) indican que la Gestión del Conocimiento implica "el proceso que continuamente asegura el desarrollo y la aplicación de todo tipo de conocimientos pertinentes de una organización, con el objeto de mejorar su capacidad de resolución de problemas para contribuir a la sostenibilidad de sus ventajas competitivas" (p.69). De acuerdo con lo expresado por los autores, un sistema de gestión del conocimiento permite la reutilización de la información almacenada en la organización y su incorporación progresiva por el talento humano en los diversos procesos funcionales u operacionales, integrando así los sistemas existentes, mientras se permite la durabilidad de la información.

En este sentido, aunado al desarrollo de la Gestión del Conocimiento, en el contexto organizacional se verifica también que para incorporar al talento humano en los procesos se analiza la Teoría de Recursos y Capacidades, desarrollada por Barney (1991), en la cual se plantea que las organizaciones son diferentes entre sí en función de los recursos y las capacidades que poseen en un momento determinado de su existencia; donde posteriormente Barney & Arikan (2001) puntualizan que los recursos vienen a constituir los activos tangibles e intangibles que una empresa emplea para formular e implantar sus estrategias, clasificándolos en físicos, intangibles, de capital humano y de capital organizacional, los cuales se integran en procesos y rutinas operativas y administrativas denominadas capacidades.

Desde dicha perspectiva teórica, se logra identificar que entre los recursos de capital humano de una organización se cuenta con el personal que ejerce los distintos cargos y sus diversas competencias, entre las cuales destacan de forma contundente el conocimiento que poseen, su liderazgo, su grado de capacitación, la forma en que toman decisiones, su capacidad de adaptación, su habilidad para poder trabajar en equipo, su manejo de las relaciones interpersonales, su potencial de aprendizaje, así como muchos otros aspectos psicológicos y sociológicos que fomentan su capacidad de trabajo y la transformación de una organización tradicional a una inteligente.

Paralelamente, en el marco de la sociedad del conocimiento se aprecia que las organizaciones inteligentes requieren el perfeccionamiento de todos sus recursos, aumentando su nivel de inteligencia organizacional para simplificar sus operaciones y estar en sintonía con los avances tecnológicos; logrando distinguirse de las organizaciones tradicionales por la capacidad que posee y desarrolla su talento humano para intervenir en forma ventajosa sobre una realidad que plantea al mundo como cambiante, complejo e impredecible; todo ello por medio del uso de la información y el conocimiento, para lograr facilitar el proceso de toma de decisiones.

Partiendo de los supuestos anteriores, se entiende entonces que si una organización no forma a su talento humano desde el enfoque de la gestión del conocimiento, generalmente la información comunicada para la toma de decisiones puede contener errores o imprecisiones que pueden afectar negativamente los procesos; a la vez de utilizarse en intereses personales poco éticos o bien resultar confusa e incoherente para garantizar la validez de las operaciones desarrolladas, dejando también de administrar de forma eficiente los recursos de todo tipo con los que se cuenta para la puesta en marcha de la gestión estratégica.

Por otra parte, se aprecia en opinión de Chávez y Torres (2012), que el enfoque de la organización inteligente ofrece una serie de pautas que pueden coadyuvar los cambios requeridos en el modelo tradicional de gerencia, para lograr integrarlos y proveer los recursos que demandan los esfuerzos realizados por el talento humano, especialmente con la puesta en práctica de los procesos de cualquier entidad. Desde dicho punto de vista, se hace relevante extrapolar este modelo de desarrollo organizacional al contexto de las entidades bancarias venezolanas, por constituir en gran medida un ejemplo práctico de organizaciones que han sido históricamente tradicionalistas en su praxis gerencial.

Hecha dicha consideración, se visualiza categóricamente como las organizaciones modernas deben estar preparadas para atender las exigencias de la sociedad actual y futura, cumpliendo entre sus características con la posibilidad de ser flexibles y adaptables, desde el punto de vista de la inteligencia organizacional, pues diversos fenómenos como la globalización, la industrialización, la conciencia ambiental y las nuevas teorías gerenciales, han hecho que el mundo se transforme cambiando hacia el manejo de sociedades innovadoras, reflexivas y mucho más competitivas; en las que Matsushita (2014) recomienda una gerencia que deba desenvolverse bajo una política de dirección abierta, donde se presente "confianza en los empleados, comunicación fácil dentro de la empresa, alta moral de los trabajadores y, sobre todo, solidaridad empresarial" (p.28).

Además, es totalmente factible reconocer que las organizaciones inteligentes presentes en un mundo tan complejo e impredecible conforman, en opinión de Torres (2011), "una estructura integrada que trabaja como un todo, siendo capaz de tejer permanentemente la habilidad de cambiar la esencia de su carácter; contando con valores, hábitos, políticas, programas, sistemas y estructuras que apoyan y aceleran el aprendizaje organizacional" (p.10). De esta manera, se aprecia en esta definición como la principal característica de este tipo de organizaciones se confirma en el manejo efectivo de su conocimiento por parte del talento humano, la detección oportuna de necesidades de mercado y su tangible capacidad de innovación.

3. MÉTODO

El estudio se desarrolla siguiendo la modalidad de una investigación de tipo descriptivo, pues la misma se encarga de detallar con suma precisión las características de la situación problemática presentada en el entorno de las organizaciones analizadas. No obstante, la investigación se fundamenta en el paradigma de la complementariedad, razón por la cual en este caso se implementa un estudio en el nivel no experimental.

Para los intereses del estudio, se utilizan las técnicas de la observación directa y la encuesta, donde la clave para la elección de esta última como técnica, se encuentra en el proceso mismo de la operacionalización de la variable analizada; en virtud que de dicho proceso de descomposición han de surgir espontáneamente las dimensiones e indicadores que van a dar pistas sobre el tipo de información a recopilar de la realidad empresarial analizada.

Para llevar a cabo el análisis de los resultados obtenidos del instrumento de recolección de información, con la finalidad de presentar las conclusiones del estudio, se utiliza un procedimiento de análisis univariado de datos, donde se emplean variables nominales cuyas técnicas de análisis comprenden la moda, así como las frecuencias relativas y absolutas; habiéndose tabulado el cuestionario de forma mecanizada, a través del Programa SPSS (Statistical Product for Service Solutions) Versión 15.0 para Windows; y sus resultados presentados en forma de cuadros estadísticos y diagramas de barra, que permiten realizar más fácilmente la interpretación de la información.

4. RESULTADOS

Al desarrollar un diagnóstico situacional inicial sobre el problema de la investigación, mediante la aplicación de entrevistas informales, se pudo conocer que los aspectos de dicha problemática se han manifestado principalmente por las siguientes causas: (a) se cuenta con mecanismos rígidos de control; (b) los métodos y conocimientos vigentes se han ido adquiriendo a través de los años, especialmente por las experiencias personales de los trabajadores; y (c) se han venido reproduciendo los conocimientos adquiridos, dejando de ser flexibles ante la presencia de novedades y cambios.

A su vez, se logró identificar otras causas del problema entre las cuales se aprecia: (d) no se confía plenamente en las capacidades de los trabajadores ni en su grado de compromiso con la institución; (e) se presenta una estructura jerárquica vertical; (f) la visión tradicional de la organización se manifiesta en fenómenos parcelados independientes entre sí; (g) las tareas se efectúan sin la eficiencia deseada y con deficiente formación, lo que ha dado lugar a que se incumpla con las actividades a desarrollar; y (h) la precaria preparación gerencial es una de las razones del desacato en las directrices de reorganización y modernización de los procesos.

5. DISCUSIÓN

Partiendo de los resultados obtenidos en el estudio, se verifica que internamente no se han venido buscando puntos de mejora o de detección de necesidades de adiestramiento que restablezcan el equilibrio del sistema de las organizaciones analizadas, dejando de esta manera de permitirle volverse entidades abiertas al aprendizaje y a la autosuperación; razón por la cual se aprecian cada vez más elevados índices de inefectividad e inflexibilidad en todos los procesos, lo que además se agrava con la carencia de creatividad, baja calidad, altos costos operativos, falta de competitividad, obsolescencia de procesos, nula rentabilidad económico-financiera, crisis recurrentes y algunas operaciones que provocan el colapso organizacional.

6. CONCLUSIONES

A manera de conclusión, se sugiere que las organizaciones tradicionales se transformen progresivamente en organizaciones inteligentes, incorporando desde el perfil de la investigadora el desarrollo de un modelo operativo basado en los postulados teóricos de Barney (1991) y de Barney & Arikan (2001), reforzados con el enfoque de direccionamiento estratégico sugerido por Grant (2006), al perfeccionar posteriormente la Teoría de Barney, para quien la organización interacciona los elementos que integran la estrategia con el entorno competitivo; conformándose así la necesidad de realizar ajustes estratégicos continuos, especialmente en el campo de la formación del talento humano.

REFERENCIAS BIBLIOGRÁFICAS

Andrev, R. y Sieber, S. (1999). **La gestión integral del conocimiento y el aprendizaje**. En: Economía Industrial, No.326, pp. 63-72.

Barney, Jay B. (1991). **Firm resources and sustained competitive advantage**. En: Journal of Management, Vol.17, pp. 99-120.

Barney, J. y Arikan, A. (2001). **Resource-based view: origins and implications**. The Blackwell Handbook of Strategic Management, Hitt M, Freeman R, Harrison J (eds). Blackwell: Malden, MA., 124–188.

Chávez Hernández, Noé y Torres Sanabria, Guillermo (2012). **La organización inteligente en un ambiente de aprendizaje: una exploración de sus aspectos generales**. En: Revista Ad-minister. No. 21. Julio-Diciembre 2012. pp.101-115. Medellín, Colombia.

Drucker, Peter (2002). **La Gerencia en la Sociedad Futura**. Editorial Norma. Bogotá, Colombia.

Grant, R.M. (2006). **Dirección Estratégica: Conceptos, Técnicas y Aplicaciones**. Quinta Edición. Editorial Civitas. Madrid, España.

Matsushita, Konosuke (2014). **Claves de un Buen Gerente**. Ediciones Kyodai Trading Corporation S. A. Lima, Perú.

Torres Silva, Lenin (2011). **Organizaciones Inteligentes: ¿Cómo desarrollarlas?** Primera Edición Diciembre 2011. Publicación de FAME Consultores Gerenciales C.A. Impreso por Tallarte. Maracaibo, Venezuela.